Inhaltsverzeichnis

D1859253

Lösungen

1. Der Anteil Taschenbücher im kleinen Regal beträgt $\frac{48}{120} = \frac{2}{5}$.
Der Anteil Taschenbücher im großen Regal beträgt $\frac{150}{400} = \frac{3}{8}$.
Hauptnenner = $5 \cdot 8 = 40$
Für das kleine Regal folgt $\frac{2}{5} \cdot \frac{8}{8} = \frac{16}{40}$.
Für das große Regal folgt $\frac{3}{8} \cdot \frac{5}{5} = \frac{15}{40}$.
Es gilt $16 > 15$.
Antwortsatz:
Der Anteil an Taschenbüchern ist im kleinen Regal größer als im großen Regal.

2. An der Bergfahrt nehmen 24 Frauen und an der Seefahrt 19 Frauen teil.
Der Anteil der Frauen an der Bergfahrt beträgt $\frac{24}{96} = \frac{1}{4}$.
Der Anteil der Frauen an der Seefahrt beträgt $\frac{19}{95} = \frac{1}{5}$.
Hauptnenner = $4 \cdot 5 = 20$
Für die Bergfahrt folgt $\frac{1}{4} \cdot \frac{5}{5} = \frac{5}{20}$.
Für die Seefahrt folgt $\frac{1}{5} \cdot \frac{4}{4} = \frac{4}{20}$.
Es gilt $4 < 5$.
Antwortsatz:
Der Anteil der Frauen ist an der Seefahrt kleiner als an der Bergfahrt.

3. Die erste Lieferung besteht aus 500 Stiften und die zweite Lieferung aus 400 Stiften.
Der Anteil der Bleistifte in der ersten Lieferung beträgt $\frac{180}{500} = \frac{9}{25}$.
Der Anteil der Bleistifte in der zweiten Lieferung beträgt $\frac{160}{400} = \frac{10}{25}$.
Es gilt $10 > 9$.
Antwortsatz:
Der Anteil der Bleistifte in der zweiten Lieferung ist größer als in der ersten Lieferung.

4. Am Montag werden 550 Flaschen Milch und am Dienstag 560 Flaschen Milch geliefert.
Der Anteil der Vollmilchflaschen am Montag beträgt $\frac{300}{550} = \frac{6}{11}$.
Der Anteil der Vollmilchflaschen am Dienstag beträgt $\frac{320}{560} = \frac{4}{7}$.
Hauptnenner = $11 \cdot 7 = 77$
Für die Montagslieferung folgt $\frac{6}{11} \cdot \frac{7}{7} = \frac{42}{77}$.
Für die Dienstagslieferung folgt $\frac{4}{7} \cdot \frac{11}{11} = \frac{44}{77}$.
Es gilt $42 < 44$.
Antwortsatz:
Der Anteil der Vollmilchflaschen ist am Montag kleiner als am Dienstag.

Lösungen

5. Die erste Bestellung besteht aus 320 Exemplaren.
Die zweite Bestellung besteht aus 352 Exemplaren.
Der Anteil an Arbeitsheften in der ersten Bestellung beträgt $\frac{172}{320} = \frac{43}{80}$.
Der Anteil an Arbeitsheften in der zweiten Bestellung beträgt $\frac{188}{352} = \frac{47}{88}$.
Hauptnenner = $8 \cdot 10 \cdot 11 = 880$
Für die erste Bestellung folgt $\frac{43}{80} \cdot \frac{11}{11} = \frac{473}{880}$.
Für die zweite Bestellung folgt $\frac{47}{88} \cdot \frac{10}{10} = \frac{470}{880}$.
Es gilt $473 > 470$.
Antwortsatz:
Der Anteil an Arbeitsheften in der ersten Bestellung ist größer als in der zweiten Bestellung.

6. Die Aufforstung im Thüringer Wald besteht aus 60 000 Bäumen.
Die Aufforstung im Bayerischen Wald besteht aus 30 000 Bäumen.
Der Anteil an Fichten im Thüringer Wald beträgt $\frac{24\,000}{60\,000} = \frac{6}{15}$.
Der Anteil an Fichten im Bayerischen Wald beträgt $\frac{16\,000}{30\,000} = \frac{8}{15}$.
Es gilt $6 < 8$.
Antwortsatz:
Der Anteil an Fichten im Thüringer Wald ist kleiner als der im Bayerischen Wald.

7. a) Der Anteil an Weideland beträgt:
Bauer Meier = $\frac{15}{75} = \frac{1}{5}$
Bauer Holle = $\frac{12}{48} = \frac{1}{4}$
Bauer Trost = $\frac{18}{45} = \frac{2}{5}$
Hauptnenner = $4 \cdot 5 = 20$
Bauer Meier = $\frac{4}{20}$
Bauer Holle = $\frac{5}{20}$
Bauer Trost = $\frac{8}{20}$
Es gilt $8 > 5 > 4$.
Antwortsatz: Bauer Trost hat den größten Anteil an Weideland.

b) Der Anteil an Ackerland beträgt:
Bauer Meier = $\frac{48}{75} = \frac{16}{25}$
Bauer Holle = $\frac{32}{48} = \frac{2}{3}$
Bauer Trost = $\frac{27}{45} = \frac{3}{5}$
Hauptnenner = $25 \cdot 3 = 75$

Lösungen

Bauer Meier = $\frac{48}{75}$

Bauer Holle = $\frac{50}{75}$

Bauer Trost = $\frac{45}{75}$

Es gilt $45 < 48 < 50$.

Antwortsatz: Bauer Trost hat den kleinsten Anteil an Ackerland.

8. a) Dieter hat insgesamt 690 Euro abgehoben.
Alfred hat insgesamt 700 Euro abgehoben.
Gerold hat insgesamt 595 Euro abgehoben.
Martin hat insgesamt 670 Euro abgehoben.
Antwortsatz:
Alfred hat tatsächlich das meiste Geld von seinem Konto abgehoben.

b) Dieters Anteil beträgt $\frac{690}{3\,000} = \frac{23}{100}$.

Alfreds Anteil beträgt $\frac{700}{2\,400} = \frac{7}{24}$.

Gerolds Anteil beträgt $\frac{595}{2\,800} = \frac{17}{80}$.

Martins Anteil beträgt $\frac{670}{3\,200} = \frac{67}{320}$.

Hauptnenner = $64 \cdot 3 \cdot 25 = 4\,800$

Dieters Anteil = $\frac{1\,104}{4\,800}$

Alfreds Anteil = $\frac{1\,400}{4\,800}$

Gerolds Anteil = $\frac{1\,020}{4\,800}$

Martins Anteil = $\frac{1\,005}{4\,800}$

Es gilt $1\,400 > 1\,104 > 1\,020 > 1\,005$.

Antwortsatz:
Alfred hat anteilmäßig das meiste Geld von seinem Konto abgehoben.

9. a) Graue Fläche = 23 ganze Quadrate + 6 halbe Quadrate = 26 ganze Quadrate

Anteile = $\frac{26}{36} = \frac{13}{18}$

Antwortsatz: Der Anteil der grauen Fläche beträgt $\frac{13}{18}$ der ganzen Fläche.

b) Oberes Dreieck = 6 ganze Quadrate + 4 halbe Quadrate = 8 ganze Quadrate

Anteile = $\frac{8}{36} = \frac{2}{9}$

Antwortsatz: Der Anteil des oberen Dreiecks beträgt $\frac{2}{9}$ der ganzen Fläche.

Pisa-Training
Prozentrechnen
Denk- und Sachaufgaben

Lösungsheft

bearbeitet von
Hermann-Dietrich Hornschuh
und Jochen Kreusch

Mildenberger Verlag

Pisa-Training 5, Aufgabenheft
Bestell-Nr. **150-21**
Pisa-Training 5, Lösungen
Bestell-Nr. **150-211**

Pisa-Training 6, Aufgabenheft
Bestell-Nr. **150-22**
Pisa-Training 6, Lösungen
Bestell-Nr. **150-221**

Bruchrechnen, Aufgabenheft
Bestell-Nr. **570-10**
Bruchrechnen, Lösungen
Bestell-Nr. **570-11**

Übersicht über die bei den Aufgaben verwendeten Größen

Längenmaße:		**Flächenmaße:**		**Raum- bzw. Hohlmaße (Volumen):**		**Massemaße (Gewichte):**		**Zeitmaße:**	
Millimeter	mm	Quadratmillimeter	mm^2	Kubikmillimeter	mm^3	Milligramm	mg	Sekunde	s
Zentimeter	cm	Quadratzentimeter	cm^2	Kubikzentimeter	cm^3	Gramm	g	Minute	min
Dezimeter	dm	Quadratdezimeter	dm^2	Kubikdezimeter	dm^3	Kilogramm	kg	Stunde	h
Meter	m	Quadratmeter	m^2	Kubikmeter	m^3	Tonne	t	Tag	d
Kilometer	km	Ar	a	Milliliter	ml			Woche	
		Hektar	ha	Liter	l			Monat	
		Quadratkilometer	km^2	Hektoliter	hl			Jahr	a

Bestell-Nr. 570-13 · ISBN 978-3-619-05713-9
© 2007 Mildenberger Verlag GmbH, 77652 Offenburg
Internetadresse: www.mildenberger-verlag.de
E-Mail: info@mildenberger-verlag.de

Auflage	Druck	4	3	2	1
Jahr		2010	2009	2008	2007

Das Werk und seine Teile sind urheberrechtlich geschützt. Jede Nutzung in anderen als den gesetzlich zugelassenen Fällen bedarf der vorherigen schriftlichen Einwilligung des Verlags. Hinweis zu § 52 a UrhG: Weder das Werk noch seine Teile dürfen ohne eine solche Einwilligung eingescannt und in ein Netzwerk eingestellt werden. Dies gilt auch für Intranets von Schulen und sonstigen Bildungseinrichtungen.

Druck: VVA GmbH / Wesel Kommunikation, 76534 Baden-Baden
Gedruckt auf umweltfreundlichem Papier

c) Unteres Dreieck = 1 ganzes Quadrat + 2 halbe Quadrate = 2 ganze Quadrate

Anteile = $\frac{2}{36} = \frac{1}{18}$

Antwortsatz:

Der Anteil des unteren Dreiecks beträgt $\frac{1}{18}$ der ganzen Fläche.

Probe: $\frac{13}{18} + \frac{2}{9} + \frac{1}{18} = \frac{13}{18} + \frac{4}{18} + \frac{1}{18} = \frac{18}{18} = 1$

10. Aus der Abbildung ist ersichtlich:

1. Das kleine graue Dreieck und das kleine weiße Dreieck haben den gleichen Flächeninhalt.
2. Das große graue Dreieck und das große weiße Dreieck haben den gleichen Flächeninhalt.

a) Anteile = $\frac{18}{36} = \frac{1}{2}$

Antwortsatz:

Die beiden grauen Dreiecke nehmen an der gesamten Fläche die Hälfte ein.

b) Anteile = $\frac{18}{36} = \frac{1}{2}$

Antwortsatz:

Die beiden weißen Dreiecke nehmen an der gesamten Fläche die Hälfte ein.

11. 1,8 Tonnen = 1 800 Kilogramm

1 800 Kilogramm · 0,18 = 324 Kilogramm

Antwortsatz: Der Prozentwert beträgt 324 Kilogramm.

12. 66 Minuten = 3 960 Sekunden

3 960 Sekunden · 0,15 = 594 Sekunden

Antwortsatz: Der Prozentwert beträgt 594 Sekunden.

13. 14 Zentner = 1 400 Pfund

1 400 Pfund · 0,19 = 266 Pfund

Antwortsatz: Der Prozentwert beträgt 266 Pfund.

14. 2 Hektar = 200 Ar

200 Ar · 0,17 = 34 Ar

Antwortsatz: Der Prozentwert beträgt 34 Ar.

15. 12 540 Euro = 1 254 000 Cent

1 254 000 Cent · 0,015 = 18 810 Cent

Antwortsatz: Der Prozentwert beträgt 18 810 Cent.

Lösungen

16. 3 Quadratmeter = 30 000 Quadratzentimeter
30 000 Quadratzentimeter · $\frac{1}{30}$ = 1 000 Quadratzentimeter
Antwortsatz: Der Prozentwert beträgt 1 000 Quadratzentimeter.

17. 8 Kubikdezimeter = 8 000 000 Kubikmillimeter
8 000 000 Kubikmillimeter · 0,08125 = 650 000 Kubikmillimeter
Antwortsatz: Der Prozentwert beträgt 650 000 Kubikmillimeter.

18. 1 Millimeter = 0,01 Dezimeter
0,01 Dezimeter · 100 = 1 Dezimeter
Antwortsatz: Der Prozentwert beträgt 1 Dezimeter.

19. 1 Sekunde = $\frac{1}{3\,600}$ Stunde
$\frac{1}{3\,600}$ Stunde · 36 = 0,01 Stunde
Antwortsatz: Der Prozentwert beträgt 0,01 Stunden.

20. 6,25 Tage = 9 000 Minuten
9 000 Minuten · 0,01 · $\frac{20}{3}$ = 600 Minuten
Antwortsatz: Der Prozentwert beträgt 600 Minuten.

21. 1 152 Bücher : 24 = 48 Bücher
48 Bücher · 100 = 4 800 Bücher
Antwortsatz: Der Grundwert beträgt 4 800 Bücher.

22. 192 Stifte : 32 = 6 Stifte
6 Stifte · 100 = 600 Stifte
Antwortsatz: Der Grundwert beträgt 600 Stifte.

23. 800 Bälle : 2,5 = 320 Bälle
320 Bälle · 100 = 32 000 Bälle
Antwortsatz: Der Grundwert beträgt 32 000 Bälle.

24. 204 Eier : 85 = 2,4 Eier
2,4 Eier · 100 = 240 Eier
Antwortsatz: Der Grundwert beträgt 240 Eier.

25. 6 240 Räder : 52 = 120 Räder
120 Räder · 100 = 12 000 Räder
Antwortsatz: Der Grundwert beträgt 12 000 Räder.

26. 32,4 Hektar : 45 = 0,72 Hektar
0,72 Hektar · 100 = 72 Hektar
Antwortsatz: Der Grundwert beträgt 72 Hektar.

Lösungen

27. 67,2 Liter : 56 = 1,2 Liter
1,2 Liter · 100 = 120 Liter
Antwortsatz: Der Grundwert beträgt 120 Liter.

28. 1 624 Euro : 28 = 58 Euro
58 Euro · 100 = 5 800 Euro
Antwortsatz: Der Grundwert beträgt 5 800 Euro.

29. 225 Fässer : 7,5 = 30 Fässer
30 Fässer · 100 = 3 000 Fässer
Antwortsatz: Der Grundwert beträgt 3 000 Fässer.

30. 126 Zentimeter : 0,15 = 840 Zentimeter
840 Zentimeter · 100 = 84 000 Zentimeter
Antwortsatz: Der Grundwert beträgt 84 000 Zentimeter.

31. Grundwert = 4 000 Meter
560 Meter · 100 = 56 000 Meter
56 000 Meter : 4 000 Meter = 14 (%)
Antwortsatz: Der Prozentsatz beträgt 14 %.

32. Grundwert = 82 000 Gramm
22 140 Gramm · 100 = 2 214 000 Gramm
2 214 000 Gramm : 82 000 Gramm = 27 (%)
Antwortsatz: Der Prozentsatz beträgt 27 %.

33. Grundwert = 406 000 Milliliter
182 700 Milliliter · 100 = 18 270 000 Milliliter
18 270 000 Milliliter : 406 000 Milliliter = 45 (%)
Antwortsatz: Der Prozentsatz beträgt 45 %.

34. Grundwert = 81 600 Ar
4 080 Ar · 100 = 408 000 Ar
408 000 Ar : 81 600 Ar = 5 (%)
Antwortsatz: Der Prozentsatz beträgt 5 %.

35. Grundwert = 202 000 Kilogramm
1 616 Kilogramm · 100 = 161 600 Kilogramm
161 600 Kilogramm : 202 000 Kilogramm = 0,8 (%)
Antwortsatz: Der Prozentsatz beträgt 0,8 %.

36. Grundwert = 78 000 Quadratmeter
73 320 Quadratmeter · 100 = 7 332 000 Quadratmeter
7 332 000 Quadratmeter : 78 000 Quadratmeter = 94 (%)
Antwortsatz: Der Prozentsatz beträgt 94 %.

Lösungen

37. Grundwert = 0,4 Kilometer
1 Kilometer · 100 = 100 Kilometer
100 Kilometer : 0,4 Kilometer = 250 (%)
Antwortsatz: Der Prozentsatz beträgt 250 %.

38. Grundwert = 44 Hektoliter
154 Hektoliter · 100 = 15 400 Hektoliter
15 400 Hektoliter : 44 Hektoliter = 350 (%)
Antwortsatz: Der Prozentsatz beträgt 350 %.

39. Grundwert = 75 Meter
900 Meter · 100 = 90 000 Meter
90 000 Meter : 75 Meter = 1 200 (%)
Antwortsatz: Der Prozentsatz beträgt 1 200 %.

40. Grundwert = 5 Tage
24 Tage · 100 = 2 400 Tage
2 400 Tage : 5 Tage = 480 (%)
Antwortsatz: Der Prozentsatz beträgt 480 %.

41. Antwortsatz: Die Ergebnisse sind in die Zahlentabelle eingetragen.

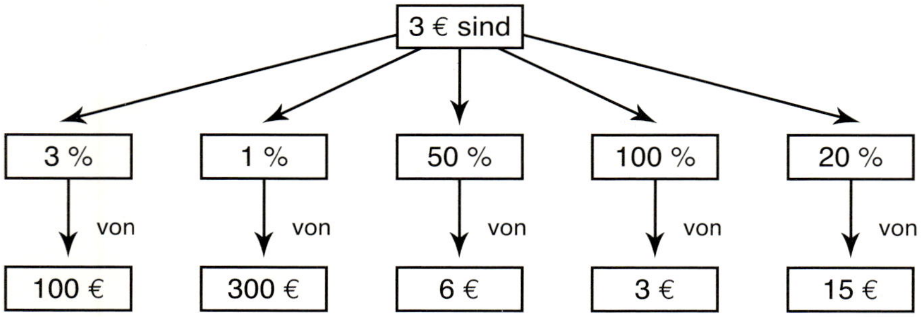

42. Antwortsatz: Die Ergebnisse sind in die Zahlentabelle eingetragen.

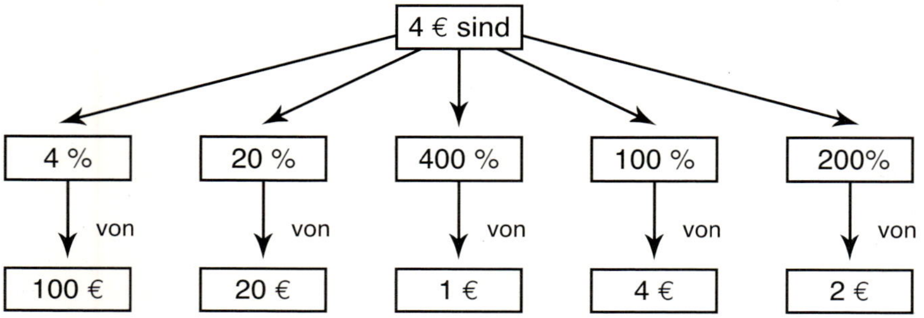

Lösungen

43. Antwortsatz: Die Ergebnisse sind in den Rechenweg eingetragen.

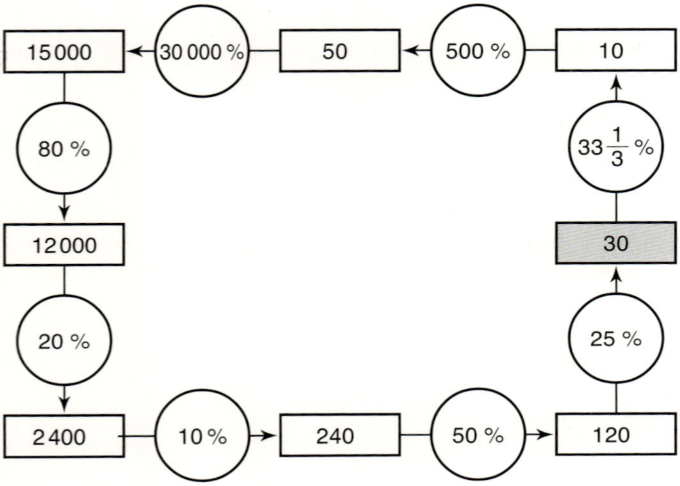

44. Antwortsatz: Die Ergebnisse sind in den Rechenweg eingetragen.

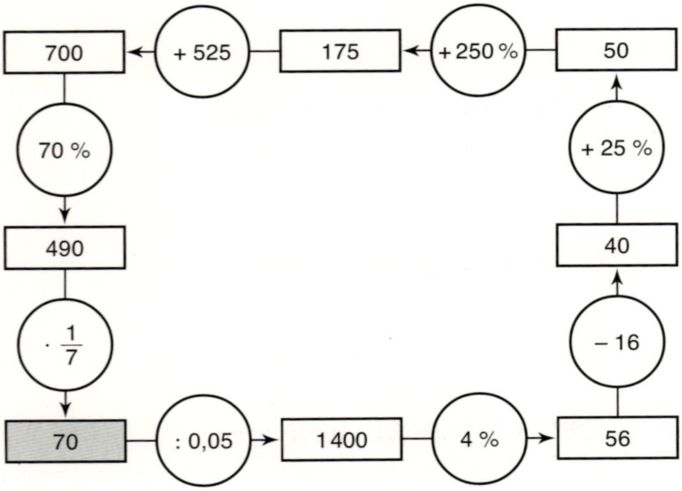

Lösungen

45. a) Der gesuchte Prozentsatz sei p.
Rechnung:
p = 100 % · (240 Kilogramm – 60 Kilogramm) : 60 Kilogramm
p = 300 %
Antwortsatz:
Das Nettogewicht ist 300 % (4-mal) größer als das Verpackungsgewicht.

b) Der gesuchte Prozentsatz sei p.
Rechnung:
p = 100 % · (300 Kilogramm – 60 Kilogramm) : 60 Kilogramm
p = 400 %
Antwortsatz:
Das Bruttogewicht ist 400 % (5-mal) größer als das Verpackungsgewicht.

c) Der gesuchte Prozentsatz sei p.
Rechnung:
p = 100 % · (300 Kilogramm – 240 Kilogramm) : 240 Kilogramm
p = 25 %
Antwortsatz:
Das Bruttogewicht ist 25 % (1,25-mal) größer als das Nettogewicht.

46. a) Der gesuchte Prozentsatz sei p.
Rechnung:
p = 100 % · (24 Kilogramm – 6 Kilogramm) : 24 Kilogramm
p = 75 %
Antwortsatz:
Das Verpackungsgewicht ist 75 % (0,25-mal) kleiner als das Nettogewicht.

b) Der gesuchte Prozentsatz sei p.
Rechnung:
p = 100 % · (30 Kilogramm – 6 Kilogramm) : 30 Kilogramm
p = 80 %
Antwortsatz:
Das Verpackungsgewicht ist 80 % (0,2-mal) kleiner als das Bruttogewicht.

c) Der gesuchte Prozentsatz sei p.
Rechnung:
p = 100 % · (30 Kilogramm – 24 Kilogramm) : 30 Kilogramm
p = 20 %
Antwortsatz:
Das Nettogewicht ist 20 % (0,8-mal) kleiner als das Bruttogewicht.

Lösungen

47. Leergewicht = 4,8 Tonnen
Ladegewicht = 12,0 Tonnen
Gesamtgewicht = 16,8 Tonnen

a) Der gesuchte Prozentsatz sei p.
Rechnung:
p % : 100 % = 4,8 Tonnen : 16,8 Tonnen
$p = 28\frac{4}{7}\ \%$
Antwortsatz:
Das Leergewicht macht $28\frac{4}{7}$ % vom Gesamtgewicht aus.

b) Der gesuchte Prozentsatz sei p.
Rechnung:
p % : 100 % = 12,0 Tonnen : 16,8 Tonnen
$p = 71\frac{3}{7}\ \%$.
Antwortsatz:
Das Ladegewicht macht $71\frac{3}{7}$ % vom Gesamtgewicht aus.

c) Der gesuchte Prozentsatz sei p.
Rechnung:
p % : 100 % = 4,8 Tonnen : 12,0 Tonnen
p = 40 %
Antwortsatz:
Das Leergewicht macht 40 % vom Ladegewicht aus.

d) Rechnung:
396 Tonnen : 12 Tonnen = 33
Antwortsatz:
Um die Kieshalde vollständig abzufahren, muss der Transporter 33 Fahrten machen.

48. a) Rechnung:
3,520 Kilogramm : 2,2 = 1,600 Kilogramm
Antwortsatz:
Das Gerät wiegt 1,600 Kilogramm.

b) Rechnung:
3,520 Kilogramm – 1,600 Kilogramm = 1,920 Kilogramm
Antwortsatz:
Die Schachtel wiegt 1,920 Kilogramm.

c) Rechnung:
3,520 Kilogramm · 13 = 45,760 Kilogramm
Antwortsatz:
13 solche Sendungen haben ein Gewicht von 45,760 Kilogramm.

Lösungen

49. a) Der gesuchte Rechnungsbetrag berechnet sich so:
1 850 Euro · 0,96 = 1 776 Euro
Antwortsatz: Herr Vogt muss 1 776 Euro bezahlen.

b) Der gesuchte Sparbetrag berechnet sich so:
1 850 Euro · 0,03 = 55,50 Euro
Antwortsatz: Herr Vogt spart 55,50 Euro.

50. a) Der gesuchte Rechnungsbetrag berechnet sich so:
1 240 Euro · 0,97 = 1 202,80 Euro
Antwortsatz: Frau Bauer muss 1 202,80 Euro bezahlen.

b) Der gesuchte Sparbetrag berechnet sich so:
1 240 Euro · 0,02 = 24,80 Euro
Antwortsatz: Frau Bauer spart 24,80 Euro.

51. 1. Rechnung:
3 200 Euro – 3 136 Euro = 64 Euro

2. Rechnung:
6 400 Euro : 3 200 Euro = 2 (%)
Antwortsatz: Es wurden 2 % Skonto abgezogen.

52. 1. Rechnung:
4 800 Euro – 4 728 Euro = 72 Euro

2. Rechnung:
7 200 Euro : 4 800 Euro = 1,5 (%)
Antwortsatz: Es wurden 1,5 % Skonto abgezogen.

53. a) Rechnung:
1,20 Euro · 1 200 · 0,95 = 1 368 Euro
Antwortsatz: Der Großhändler muss 1 368 Euro bezahlen.

b) Rechnung:
1,20 Euro · 1 200 · 0,03 = 43,20 Euro
Antwortsatz: Der Großhändler spart 43,20 Euro.

54. a) Rechnung:
120 Euro – 78 Euro = 42 Euro
Antwortsatz: Herr Mahler hat 42 Euro gespart.

b) Rechnung:
4 200 Euro : 120 Euro = 35 (%)
Antwortsatz: Der Preis der Schuhe wurde um 35 % gesenkt.

c) Rechnung:
160 Euro – 88 Euro = 72 Euro
Antwortsatz: Frau Kurz hat 72 Euro gespart.

Lösungen

d) Rechnung:
7 200 Euro : 160 Euro = 45 (%)
Antwortsatz: Der Preis der Stiefel wurde um 45 % gesenkt.

55. a) Rechnung:
2 592 Euro : 240 = 10,80 Euro
Antwortsatz: Der Baumarkt musste 10,80 Euro für eine Zange bezahlen.

b) 1. Rechnung:
12 Euro · 240 = 2 880 Euro
2. Rechnung:
2 880 Euro – 2 592 Euro = 288 Euro
3. Rechnung:
28 800 Euro : 2 880 Euro = 10 (%)
Antwortsatz: Die Firma hat dem Baumarkt einen Rabatt von 10 % gewährt.

56. a) 1. Rechnung:
96 Euro · 10 = 960 Euro
2. Rechnung:
72 Euro · 20 = 1 440 Euro
3. Rechnung:
960 Euro + 1 440 Euro = 2 400 Euro
4. Rechnung:
900 Euro + 1 200 Euro = 2 100 Euro
5. Rechnung:
2 400 Euro – 2 100 Euro = 300 Euro
Antwortsatz: Der Verein hat 300 Euro gespart.

b) Rechnung:
30 000 Euro : 2 400 Euro = 12,5 (%)
Antwortsatz:
Der Gartenmarkt hat dem Verein einen Rabatt von 12,5 % gewährt.

57. a) Rechnung:
19 800 Euro – 17 424 Euro = 2 376 Euro
Antwortsatz:
Der Preis für den ersten Jahreswagen wurde um 2 376 Euro gesenkt.

b) Rechnung:
237 600 Euro : 19 800 Euro = 12 (%)
Antwortsatz:
Der Preis des ersten Jahreswagens wurde um 12 % gesenkt.

c) Rechnung:
18 400 Euro – 16 376 Euro = 2 024 Euro
Antwortsatz:
Der Preis des zweiten Jahreswagens wurde um 2 024 Euro gesenkt.

Lösungen

d) Rechnung:
202 400 Euro : 18 400 Euro = 11 (%)
Antwortsatz: Der Preis des zweiten Jahreswagens wurde um 11 % gesenkt.

58. Rechnung:
76 % ≙ 1 276,80 Euro
1 % ≙ 16,80 Euro
100 % ≙ 1 680,00 Euro
Antwortsatz: Der Schreibtisch kostete ursprünglich 1 680 Euro.

59. a) 1. Rechnung:
2,40 Euro · 15 000 = 36 000 Euro
2. Rechnung:
144 000 Euro : 36 000 Euro = 4 (%)
Antwortsatz: Der Rabatt beträgt 4 %.

b) 1. Rechnung:
36 000 Euro – 1 440 Euro – 33 696 Euro = 864 Euro
2. Rechnung:
36 000 Euro – 1 440 Euro = 34 560 Euro
3. Rechnung:
86 400 Euro : 34 560 Euro = 2,5 (%)
Antwortsatz: Der Skonto beträgt 2,5 %.

c) 1. Rechnung:
1 440 Euro + 864 Euro = 2 304 Euro
2. Rechnung:
230 400 Euro : 36 000 Euro = 6,4 (%)
Antwortsatz: Der gesamte Preisnachlass beträgt 6,4 %.

60. 1. Rechnung:
0,45 Euro · 180 000 = 81 000 Euro
2. Rechnung:
81 000 Euro – 77 355 Euro = 3 645 Euro
3. Rechnung:
364 500 Euro : 81 000 Euro = 4,5 (%)
Antwortsatz: Der Preisnachlass beträgt 4,5 %.

Lösungen

61. 1. Rechnung:
0,60 Euro · 30 000 = 18 000 Euro
2. Rechnung:
30 000 Stück · 1,1 = 33 000 Stück
3. Rechnung:
0,60 Euro · 33 000 = 19 800 Euro
4. Rechnung:
19 800 Euro – 18 000 Euro = 1 800 Euro
5. Rechnung:
180 000 Euro : 19 800 Euro = $9\frac{1}{11}$ (%)
Antwortsatz: Der Preisnachlass beträgt $9\frac{1}{11}$ %.

62. Angebot A:
(0,40 Euro · 12 000 – 300) · 0,97 = 4 365 Euro
Angebot B:
(0,40 Euro · 12 000 – 350) · 0,98 = 4 361 Euro
Differenz:
4 365 Euro – 4 361 Euro = 4 Euro
Antwortsatz: Beim Angebot B werden 4 Euro gespart.

63. 1. Rechnung:
8 000 Euro · 0,03 = 240 Euro
2. Rechnung:
240 Euro + 200 Euro = 440 Euro
3. Rechnung:
44 000 Euro : 8 000 Euro = 5,5 (%)
Antwortsatz: Es wurden 5,5 % Preisnachlass gewährt.

64. 1. Rechnung:
8 000 Euro – 200 Euro = 7 800 Euro
2. Rechnung:
7 800 Euro · 0,03 = 234 Euro
3. Rechnung:
200 Euro + 234 Euro = 434 Euro
4. Rechnung:
43 400 Euro : 8 000 Euro = 5,425 (%)
Antwortsatz: Es wurden 5,425 % Preisnachlass gewährt.

65. a) Rechnung:
480 Euro · 0,975 = 468 Euro
Antwortsatz: Der Staubsauger kostet bei Barzahlung 468 Euro.

Lösungen

b) Rechnung:
480 Euro · 1,09 = 523,20 Euro
Antwortsatz: Der Staubsauger kostet bei Ratenzahlung 523,20 Euro.

c) Rechnung:
480 Euro · 0,115 = 55,20 Euro
Antwortsatz: Beide Zahlungsarten unterscheiden sich um 55,20 Euro.

66. 1. Rechnung:
500 Euro · 10 + 2 820 Euro = 7 820 Euro
2. Rechnung:
7 820 Euro – 6 800 Euro = 1 020 Euro
3. Rechnung:
102 000 Euro : 6 800 Euro = 15 (%)
Antwortsatz: Der Preisaufschlag beträgt 15 %.

67. 1. Rechnung:
1 440 Euro · 20 + 5 520 Euro = 34 320 Euro
2. Rechnung:
34 320 Euro – 28 600 Euro = 5 720 Euro
3. Rechnung:
572 000 Euro : 28 600 Euro = 20 (%)
Antwortsatz: Der Preisaufschlag beträgt 20 %.

68. a) 1. Rechnung:
148 000 Euro · 0,2 = 29 600 Euro
2. Rechnung:
17 575 Euro · 8 + 29 600 Euro = 170 200 Euro
Antwortsatz: Nach Angebot A kostet der Bagger 170 200 Euro.

b) 1. Rechnung:
148 000 Euro · 0,3 = 44 400 Euro
2. Rechnung:
25 456 Euro · 5 + 44 400 Euro = 171 680 Euro
Antwortsatz: Nach Angebot B kostet der Bagger 171 680 Euro.

c) Rechnung:
171 680 Euro – 170 200 Euro = 1 480 Euro
Antwortsatz: Durch das Angebot A spart die Firma 1 480 Euro.

69. a) 1. Rechnung:
48 000 Euro – 46 080 Euro = 1 920 Euro
2. Rechnung:
192 000 Euro : 48 000 Euro = 4 (%)
Antwortsatz: Der prozentuale Preisabschlag beträgt 4 %.

Lösungen

b) Rechnung:
48 000 Euro · 0,05 = 2 400 Euro
Antwortsatz: Die Anzahlung beträgt 2 400 Euro.

c) 1. Rechnung:
5 985 Euro · 8 + 2 400 Euro = 50 280 Euro
2. Rechnung:
50 280 Euro – 48 000 Euro = 2 280 Euro
3. Rechnung:
228 000 Euro : 48 000 Euro = 4,75 (%)
Antwortsatz: Der prozentuale Preisaufschlag beträgt 4,75 %.

70. 1. Rechnung:
51,84 Euro – 48 Euro = 3,84 Euro
2. Rechnung:
384 Euro : 48 Euro = 8 (%)
Antwortsatz: Im Selbstkostenpreis sind 8 % Unkosten enthalten.

71. Rechnung:
120 Euro · 1,2 = 144 Euro
Antwortsatz: Der Selbstkostenpreis beträgt 144 Euro.

72. Rechnung:
26 432 Euro : 118 = 224 Euro
Antwortsatz: Der Einkaufspreis beträgt 224 Euro.

73. a) Rechnung:
12 % ≙ 48 Euro
1 % ≙ 4 Euro
100 % ≙ 400 Euro
Antwortsatz: Der Einkaufspreis für alle Dosen betrug 400 Euro.

b) Rechnung:
400 Euro : 400 = 1 Euro
Antwortsatz: Der Einkaufspreis für eine Dose beträgt 1 Euro.

c) Rechnung:
400 Euro · 1,12 = 448 Euro
Antwortsatz: Der Selbstkostenpreis für alle Dosen betrug 448 Euro.

d) Rechnung:
448 Euro : 400 = 1,12 Euro
Antwortsatz: Der Selbstkostenpreis für eine Dose betrug 1,12 Euro.

Lösungen

74. a) Rechnung:
16 % ≙ 20 Euro
1 % ≙ 1,25 Euro
116 % ≙ 145 Euro
Antwortsatz: Der Selbstkostenpreis für alle Flaschen betrug 145 Euro.

b) Rechnung:
145 Euro : 250 = 0,58 Euro
Antwortsatz: Der Selbstkostenpreis für eine Flasche betrug 0,58 Euro.

c) Rechnung:
14 500 Euro : 116 = 125 Euro
Antwortsatz: Der Einkaufspreis für alle Flaschen betrug 125 Euro.

d) Rechnung:
125 Euro : 250 = 0,5 Euro
Antwortsatz: Der Einkaufspreis für eine Flasche betrug 0,50 Euro.

75. a) Rechnung:
0,16 Euro · 1 000 = 160 Euro
Antwortsatz: Die Unkosten für alle Brote betrugen 160 Euro.

b) Rechnung:
16 000 Euro : 640 Euro = 25 (%)
Antwortsatz: Die Unkosten für alle Brote betrugen 25 %.

c) Rechnung:
640 Euro + 160 Euro = 800 Euro
Antwortsatz: Der Selbstkostenpreis für alle Brote betrug 800 Euro.

d) Rechnung:
800 Euro : 1 000 = 0,80 Euro
Antwortsatz: Der Selbstkostenpreis für ein Brot betrug 0,80 Euro.

e) Rechnung:
0,80 Euro · 100 = 80 Euro
Antwortsatz: Der Verkaufspreis für 100 Brote betrug 80 Euro.

76. a) Rechnung:
2 760 Euro + 690 Euro = 3 450 Euro
Antwortsatz: Der Verkaufspreis beträgt 3 450 Euro.

b) Rechnung:
69 000 Euro : 2 760 Euro = 25 (%)
Antwortsatz: Der Gewinn beträgt 25 %.

77. a) Rechnung:
3 780 Euro · 0,225 = 850,50 Euro
Antwortsatz: Der Gewinn beträgt 850,50 Euro.

Lösungen

b) Rechnung:
3 780 Euro + 850,50 Euro = 4 630,50 Euro
Antwortsatz: Der Verkaufspreis beträgt 4 630,50 Euro.

78. a) Rechnung:
283,20 Euro – 43,20 Euro = 240 Euro
Antwortsatz: Der Selbstkostenpreis beträgt 240 Euro.

b) Rechnung:
4 320 Euro : 240 Euro = 18 (%)
Antwortsatz: Der Gewinn beträgt 18 %.

79. a) Rechnung:
7,25 Euro – 5,80 Euro = 1,45 Euro
Antwortsatz: Der Gewinn beträgt 1,45 Euro.

b) Rechnung:
145 Euro : 5,80 Euro = 25 (%)
Antwortsatz: Der Gewinn beträgt 25 %.

80. a) Rechnung:
1 000 Euro · 1,1 = 1 100 Euro
Antwortsatz: Der Verkaufspreis beträgt 1 100 Euro.

b) Rechnung:
1 000 Euro · 1,5 = 1 500 Euro
Antwortsatz: Der Verkaufspreis beträgt 1 500 Euro.

c) Rechnung:
1 000 Euro · 2 = 2 000 Euro
Antwortsatz: Der Verkaufspreis beträgt 2 000 Euro.

81. a) Rechnung:
1 100 Euro : 1,1 = 1 000 Euro
Antwortsatz: Der Selbstkostenpreis beträgt 1 000 Euro.

b) Rechnung:
1 100 Euro : 1,25 = 880 Euro
Antwortsatz: Der Selbstkostenpreis beträgt 880 Euro.

c) Rechnung:
1 100 Euro : 2 = 550 Euro
Antwortsatz: Der Selbstkostenpreis beträgt 550 Euro.

Lösungen

82. Rechnung:
Der gesuchte Prozentsatz sei p.
Aus dem Ansatz
Verkaufspreis · p = 2 · Verkaufspreis
folgt
p = 2.
Antwortsatz: Der Gewinn beträgt 100 %.

83. Rechnung:
Der gesuchte Prozentsatz sei p.
Aus dem Ansatz
Verkaufspreis · p = 4 · Verkaufspreis
folgt
p = 4.
Antwortsatz: Der Gewinn beträgt 300 %.

84. a) 100 000 · 1,00 = 100 000
Antwortsatz: Der Einkaufspreis beträgt 100 000 Euro.

b) 100 000 · 1,24 = 124 000
Antwortsatz: Der Selbstkostenpreis beträgt 124 000 Euro.

c) 124 000 · 1,15 = 142 600
Antwortsatz: Der Verkaufspreis beträgt 142 000 Euro.

d) 142 600 · 1,19 = 169 694
Antwortsatz: Der Endpreis beträgt 169 694 Euro.

85. a) 650 Euro · 160 = 104 000 Euro
Antwortsatz:
Der Einkaufspreis für alle Computer beträgt zusammen 104 000 Euro.

b) 350 Euro · 240 = 84 000 Euro
Antwortsatz:
Der Einkaufspreis für alle Drucker beträgt zusammen 84 000 Euro.

c) 104 000 Euro · 1,16 = 120 640 Euro
Antwortsatz:
Der Selbstkostenpreis für alle Computer beträgt zusammen 120 640 Euro.

d) 84 000 Euro · 1,16 = 97 440 Euro
Antwortsatz:
Der Selbstkostenpreis für alle Drucker beträgt zusammen 97 440 Euro.

e) 120 640 Euro · 1,45 = 174 928 Euro
Antwortsatz:
Der Verkaufspreis für alle Computer beträgt zusammen 174 928 Euro.

Lösungen

f) 97 440 Euro · 1,45 = 141 288 Euro
Antwortsatz:
Der Verkaufspreis für alle Drucker beträgt zusammen 141 288 Euro.

g) 174 928 Euro · 1,19 = 208 164,32 Euro
Antwortsatz:
Der Endpreis für alle Computer beträgt zusammen 208 164,32 Euro.

h) 141 288 Euro · 1,19 = 168 132,72 Euro
Antwortsatz:
Der Endpreis für alle Drucker beträgt zusammen 168 132,72 Euro.

86. Rechnungen:
10 000 Euro · 1,24 = 12 400 Euro
12 400 Euro · 1,64 = 20 336 Euro
20 336 Euro · 1,19 = 24 199,84 Euro
Antwortsatz: Der Endpreis des Autos beträgt 24 199, 84 Euro.

87. a) 100 000 · 1,00 = 100 000
Antwortsatz: Der Einkaufspreis beträgt 100 000 Euro.

b) 100 000 · 1,24 = 124 000
Antwortsatz: Der Selbstkostenpreis beträgt 124 000 Euro.

c) 124 000 · 0,85 = 105 400
Antwortsatz: Der Verkaufspreis beträgt 105 400 Euro.

d) 105 400 · 1,19 = 125 426
Antwortsatz: Der Endpreis beträgt 125 426 Euro.

88. a) 650 Euro · 160 = 104 000 Euro
Antwortsatz:
Der Einkaufspreis für alle Computer beträgt zusammen 104 000 Euro.

b) 350 Euro · 240 = 84 000 Euro
Antwortsatz:
Der Einkaufspreis für alle Drucker beträgt zusammen 84 000 Euro.

c) 104 000 Euro · 1,16 = 120 640 Euro
Antwortsatz:
Der Selbstkostenpreis für alle Computer beträgt zusammen 120 640 Euro.

d) 84 000 Euro · 1,16 = 97 440 Euro
Antwortsatz:
Der Selbstkostenpreis für alle Drucker beträgt zusammen 97 440 Euro.

e) 120 640 Euro · 0,55 = 66 352 Euro
Antwortsatz:
Der Verkaufspreis für alle Computer beträgt zusammen 66 352 Euro.

Lösungen

f) 97 440 Euro · 0,55 = 53 592 Euro
Antwortsatz:
Der Verkaufspreis für alle Drucker beträgt zusammen 53 592 Euro.

g) 66 352 Euro · 1,19 = 78 958,88 Euro
Antwortsatz:
Der Endpreis für alle Computer beträgt zusammen 78 958,88 Euro.

h) 53 592 Euro · 1,19 = 63 774,48 Euro
Antwortsatz:
Der Endpreis für alle Drucker beträgt zusammen 63 774,48 Euro.

89. Rechnungen:
10 000 Euro · 1,24 = 12 400,00 Euro
12 400 Euro · 0,36 = 4 464,00 Euro
4 464 Euro · 1,19 = 5 312,16 Euro
Antwortsatz: Der Endpreis des Autos beträgt 5 312,16 Euro.

90. a) 3 200 Euro · 0,2 = 640 Euro
Antwortsatz: Herrn Berger werden 640 Euro Lohnsteuer abgezogen.

b) 640 Euro · 0,075 = 48 Euro
Antwortsatz: Herrn Berger werden 48 Euro Kirchensteuer abgezogen.

c) x % : 100 % = 688 Euro : 3 200 Euro
x = 21,5 %
Antwortsatz:
Lohnsteuer und Kirchensteuer machen zusammen 21,5 % vom Bruttogehalt aus.

91. Rechnung:
3 900 Euro · 0,0675 = 263,25 Euro
Antwortsatz:
Herr Schulz zahlt monatlich 263,25 Euro in die Krankenversicherung ein.

92. Rechnung:
1 800 Euro · 0,0875 = 157,50 Euro
Antwortsatz:
Frau Koch zahlt monatlich 157,50 Euro in die Rentenversicherung ein.

93. Rechnung:
2 400 Euro · 0,0325 = 78,00 Euro
Antwortsatz:
Frau Bach zahlt monatlich 78,00 Euro in die Arbeitslosenversicherung ein.

94. Rechnung:
25 650 Euro : 6,75 = 3 800 Euro
Antwortsatz: Der monatliche Bruttoverdienst von Herr Maier beträgt 3 800 Euro.

Lösungen

95. Rechnung:
15 750 Euro : 8,75 = 1 800 Euro
Antwortsatz: Der monatliche Bruttoverdienst von Frau Wald beträgt 1 800 Euro.

96. Rechnung:
10 400 Euro : 3,25 = 3 200 Euro
Antwortsatz: Der monatliche Bruttoverdienst von Herrn Lorenz beträgt 3 200 Euro.

97. 1. Rechnung:
51 Euro : 1,7 = 30 Euro
2. Rechnung:
30 Euro · 100 = 3 000 Euro
Antwortsatz: Das monatliche Bruttoeinkommen beträgt 3 000 Euro.

98. a) 1 250 Kinder · 0,06 = 75 Kinder
Antwortsatz: Es wurden 75 Jungen und Mädchen nicht versetzt.

b) 1. Rechnung:
75 Kinder : 3 = 25 Kinder
2. Rechnung:
25 Kinder · 2 = 50 Kinder
Antwortsatz: Es wurden 50 Jungen und 25 Mädchen nicht versetzt.

c) x % : 100 % = 100 Kinder : 1 250 Kinder
x = 8 %
Antwortsatz: Damals wurden 8 % aller Kinder nicht versetzt.

99. a) Rechnung:
10 800 : 480 = 22,5 (%)
Antwortsatz: 22,5 % aller Bewerber waren überdurchschnittlich geeignet.

b) Rechnung:
22 800 : 480 = 47,5 (%)
Antwortsatz: 47,5 % aller Bewerber waren geeignet.

c) Rechnung:
9 000 : 480 = 18,75 (%)
Antwortsatz: 18,75 % aller Bewerber waren bedingt geeignet.

d) Rechnung:
5 400 : 480 = 11,25 (%)
Antwortsatz: 11,25 % aller Bewerber waren ungeeignet.

Probe: 22,5 % + 47,5 % + 18,75 % + 11,25 % = 100 %

Lösungen

100. 1. Rechnung:
19 Schülerinnen + 15 Schüler = 34 Kinder
2. Rechnung:
x Kinder : 34 Kinder = 100 % : 8 %
x = 425 Kinder
Antwortsatz: Diese Schule hatte 425 Schülerinnen und Schüler.

101. 1. Rechnung:
2 475 Unterrichtstunden : 16,5 = 150 Unterrichtsstunden
2. Rechnung:
150 Unterrichtsstunden · 100 = 15 000 Unterrichtsstunden
3. Rechnung:
15 000 Unterrichtsstunden – 2 475 Unterrichtsstunden = 12 525 Unterrichtsstunden
Antwortsatz: Es wurden 12 525 Unterrichtsstunden gehalten.

102. a) 1. Rechnung:
312 Kinder : 4 = 78 Kinder
2. Rechnung:
78 Kinder · 6 = 468 Kinder
Antwortsatz: In diese Schule gehen 468 Mädchen.

b) 1. Rechnung:
312 Jungen + 468 Mädchen = 780 Kinder
2. Rechnung:
780 Kinder · 0,15 = 117 Kinder
Antwortsatz: 117 Kinder tragen eine Brille.

c) Rechnung:
780 Kinder · 0,25 = 195 Kinder
Antwortsatz: 195 Kinder werden zur Schule gefahren.

d) 1. Rechnung:
65 % + 25 % = 90 %
2. Rechnung:
100 % – 90 % = 10 %
3. Rechnung:
780 Kinder · 0,1 = 78 Kinder
Antwortsatz: 78 Kinder gehören keinem Verein an.

103. a) Rechnungen:
3 000 Schrauben – 2 400 Schrauben = 600 Schrauben
2 400 Schrauben = 100 %
600 Schrauben = 25 %
Antwortsatz: Die Leistung der mittleren Maschine ist um 25 % größer als die der kleineren Maschine.

Lösungen

b) Rechnungen:
3 600 Schrauben – 3 000 Schrauben = 600 Schrauben
3 000 Schrauben = 100 %
600 Schrauben = 20 %
Antwortsatz: Die Leistung der größeren Maschine ist um 20 % größer als die der mittleren Maschine.

c) Rechnungen:
3 600 Schrauben – 2 400 Schrauben = 1 200 Schrauben
2 400 Schrauben = 100 %
1 200 Schrauben = 50 %
Antwortsatz: Die Leistung der größeren Maschine ist um 50 % größer als die der kleineren Maschine.

d) 1. Rechnung:
2 400 Schrauben + 3 000 Schrauben + 3 600 Schrauben = 9 000 Schrauben
2. Rechnung:
270 000 Schrauben : 9 000 Schrauben = 30
Antwortsatz: Um 270 000 Schrauben herzustellen, brauchen die drei Maschinen zusammen 30 Stunden.

104. a) Rechnungen:
4 000 Steine – 3 200 Steine = 800 Steine
4 000 Steine = 100 %
800 Steine = 20 %
Antwortsatz: Die Leistung der mittleren Maschine ist um 20 % kleiner als die der größeren Maschine.
Probe: 4 000 Steine · 0,8 = 3 200 Steine

b) Rechnungen:
4 000 Steine – 2 400 Steine = 1 600 Steine
4 000 Steine = 100 %
1 600 Steine = 40 %
Antwortsatz: Die Leistung der kleineren Maschine ist um 40 % kleiner als die der größeren Maschine.
Probe: 4 000 Steine · 0,6 = 2 400 Steine

c) Rechnungen:
3 200 Steine – 2 400 Steine = 800 Steine
3 200 Steine = 100 %
800 Steine = 25 %
Antwortsatz: Die Leistung der kleineren Maschine ist um 25 % kleiner als die der mittleren Maschine.
Probe: 3 200 Steine · 0,75 = 2 400 Steine

d) 1. Rechnung:
4 000 Steine + 3 200 Steine + 2 400 Steine = 9 600 Steine
2. Rechnung: 240 000 Steine : 9 600 Steine = 25
Antwortsatz: Um 240 000 Steine zu zerkleinern, brauchen die drei Maschinen zusammen 25 Stunden.

105. a) Rechnung:
100 000 Glühbirnen · 0,2336 = 23 360 Glühbirnen
Antwortsatz: Am Montag wurden 23 360 Glühbirnen überprüft.

b) Rechnung:
100 000 Glühbirnen · 0,2464 = 24 640 Glühbirnen
Antwortsatz: Am Dienstag wurden 24 640 Glühbirnen überprüft.

c) Rechnung:
100 000 Glühbirnen · 0,2271 = 22 710 Glühbirnen
Antwortsatz: Am Mittwoch wurden 22 710 Glühbirnen überprüft.

d) Rechnung:
100 000 Glühbirnen · 0,2129 = 21 290 Glühbirnen
Antwortsatz: Am Donnerstag wurden 21 290 Glühbirnen überprüft.

e) Rechnung:
100 000 – 23 360 – 24 640 – 22 710 – 21 290 = 8 000 (Glühbirnen)
Antwortsatz: Am Freitag müssen noch 8 000 Glühbirnen überprüft werden.

106. a) Rechnung:
100 km/h · 0,95 = 95 km/h
Antwortsatz: Das Auto kann mit verminderter Geschwindigkeit 95 km/h fahren.

b) Rechnung:
100 km/h · 1,05 = 105 km/h
Antwortsatz: Das Auto kann mit erhöhter Geschwindigkeit 105 km/h fahren.

c) Rechnung:
x % : 100 % = 10 km/h : 95 km/h
$x = 10\frac{10}{19}\ \%$
Antwortsatz: Die erhöhte Geschwindigkeit kann etwa 10,53 % größer sein als die verminderte Geschwindigkeit.
Probe: 95 km/h · 1,1053 ≈ 105 km/h

d) Rechnung:
x % : 100 % = 10 km/h : 105 km/h
$x = 9\frac{11}{21}\ \%$
Antwortsatz: Die verminderte Geschwindigkeit kann etwa 9,53 % kleiner sein als die erhöhte Geschwindigkeit.
Probe: 105 km/h · 0,9047 ≈ 95 km/h

Lösungen

107. a) 1. Rechnung:
$22 : 4 = 5{,}5$
2. Rechnung:
8 Euro · 6 = 48 Euro
Antwortsatz: Die Viererkarten kosten 48 Euro.

b) 1. Rechnung:
$22 : 5 = 4{,}4$
2. Rechnung:
9 Euro · 5 = 45 Euro
Antwortsatz: Die Fünferkarten kosten 45 Euro.

c) Rechnung: 2,50 Euro · 22 = 55 Euro
Antwortsatz: Die Einzelkarten kosten 55 Euro.

d) Rechnung:
x % : 100 % = 10 Euro : 55 Euro
$x = 18\frac{2}{11}\ \%$
Antwortsatz: Die billigste Möglichkeit ist um etwa 18,18 % günstiger als die teuerste.
Probe: 55 Euro · 0,1819 $\approx$ 10 Euro

e) Rechnung:
x % : 100 % = 10 Euro : 45 Euro
$x = 22\frac{2}{9}\ \%$
Antwortsatz: Die teuerste Möglichkeit ist um etwa 22,23 % ungünstiger als die billigste.
Probe: 45 Euro · 1,2223 $\approx$ 55 Euro

108. a) Erhöht sich die Geschwindigkeit um 50 %, steigt der Benzinverbrauch um 100 % auf 200 %:
10 Liter · 2 = 20 Liter
Antwortsatz: Nimmt die Geschwindigkeit um 50 % zu, erhöht sich der Benzinverbrauch auf das Doppelte.

b) Erhöht sich die Geschwindigkeit um 100 %, steigt der Benzinverbrauch um 200 % auf 300 %:
10 Liter · 3 = 30 Liter
Antwortsatz: Nimmt die Geschwindigkeit 100 % zu, erhöht sich der Benzinverbrauch auf das Dreifache.

109. a) 1 200 Euro · 0,16 = 192 Euro
Antwortsatz: Im Jahr 2005 betrug die Mehrwertsteuer 192 Euro.

b) 1 500 Euro · 0,16 = 240 Euro
Antwortsatz: Im Jahr 2006 betrug die Mehrwertsteuer 240 Euro.

Lösungen

c) 1. Rechnung:
1 200 Euro + 192 Euro = 1 392 Euro
2. Rechnung:
1 500 Euro + 240 Euro = 1 740 Euro
3. Rechnung:
1 740 Euro – 1 392 Euro = 348 Euro
4. Rechnung:
x % : 100 % = 348 Euro : 1 392 Euro
x = 25 %
Antwortsatz: Der Ölpreis stieg um 25 %.

110. a) 1. Rechnung:
696 Euro : 1,16 = 600 Euro
2. Rechnung:
696 Euro – 600 Euro = 96 Euro
Antwortsatz: Die Mehrwertsteuer betrug im vorletzten Jahr 96 Euro.

b) 1. Rechnung:
870 Euro : 1,16 = 750 Euro
2. Rechnung:
870 Euro – 750 Euro = 120 Euro
Antwortsatz: Die Mehrwertsteuer betrug im letzten Jahr 120 Euro.

c) 1. Rechnung:
750 Euro – 600 Euro = 150 Euro
2. Rechnung:
x % : 100 % = 150 Euro : 600 Euro
x = 25 %
Antwortsatz: Der Strompreis stieg um 25 %.

111. a) Rechnung:
1 200 Euro · 0,16 = 192 Euro
Antwortsatz: Im Jahr 2005 betrug die Mehrwertsteuer 192 Euro.

b) 1. Rechnung:
1 740 Euro : 1,16 = 1 500 Euro
2. Rechnung:
1 740 Euro – 1 500 Euro = 240 Euro
Antwortsatz: Im Jahr 2006 betrug die Mehrwertsteuer 240 Euro.

c) 1. Rechnung:
1 500 Euro – 1 200 Euro = 300 Euro
2. Rechnung:
x % : 100 % = 300 Euro : 1 200 Euro
x = 25 %
Antwortsatz: Der Gaspreis stieg um 25 %.

Lösungen

112. a) 40 000 Euro · 0,16 = 6 400 Euro
Antwortsatz: Es mussten 6 400 Euro Mehrwertsteuer bezahlt werden.

b) 40 000 Euro · 0,19 = 7 600 Euro
Antwortsatz: Es müssen 7 600 Euro Mehrwertsteuer bezahlt werden.

c) 1. Rechnung:
7 600 Euro – 6 400 Euro = 1 200 Euro
2. Rechung:
x % : 100 % = 1 200 Euro : 6 400 Euro
x = 18,75 %
Antwortsatz: Die Mehrwertsteuer wäre um 18,75 % gestiegen.

113. Rechnung:
80 Euro · 1,03 · 1,04 · 1,05 ≈ 89,99 Euro
Antwortsatz: Für eine Tankfüllung Diesel müssen nun etwa 90 Euro bezahlt werden.
Achtung:
Der Preis nahm also nicht um 12 % (= 3 % + 4 % + 5 %), sondern um 12,5 % zu.

114. a) Rechnung:
1 200 Bäume · 0,10 = 120 Bäume
Antwortsatz: Es sind 120 Birnbäume.

b) Rechnung:
1 200 Bäume · 0,15 = 180 Bäume
Antwortsatz: Es sind 180 Pflaumenbäume.

c) Rechnung:
1 200 Bäume · 0,30 = 360 Bäume
Antwortsatz: Es sind 360 Kirschbäume.

d) Rechnung:
1 200 Bäume · 0,45 Bäume = 540 Bäume
Antwortsatz: Es sind 540 Apfelbäume.

Probe: 120 Birnbäume + 180 Pflaumenbäume + 360 Kirschbäume
+ 540 Apfelbäume = 1 200 Obstbäume

115. Ackerland = 120 Hektar und Weideland = 30 Hektar

a) Rechnung:
12 000 : 150 = 80
Antwortsatz: Es sind 80 % Ackerland.

b) Rechnung:
3 000 : 150 = 20
Antwortsatz: Es sind 20 % Weideland.

Probe: 80 % + 20 % = 100 %

Lösungen

116. a) Rechnung:
25 000 : 800 = 31,25 %
Antwortsatz: Es sind 31,25 % Laubwald.

b) Rechnung:
16 000 : 800 = 20 %
Antwortsatz: Es sind 20 % Nadelwald.

c) 1. Rechnung:
800 Hektar – 250 Hektar – 160 Hektar = 390 Hektar
2. Rechnung:
39 000 : 800 = 48,75
Antwortsatz: Es sind 48,75 % Mischwald.

Probe: 31,25 % + 20 % + 48,75 % = 100 %

117. 1 200 Zentner + 1 600 Zentner + 1 500 Zentner + 3 700 Zentner = 8 000 Zentner

a) Rechnung:
120 000 : 8 000 = 15
Antwortsatz: Es sind 15 % Kartoffeln.

b) Rechnung:
160 000 : 8 000 = 20
Antwortsatz: Es sind 20 % Weizen.

c) Rechnung:
150 000 : 8 000 = 18,75
Antwortsatz: Es sind 18,75 % Rüben.

d) Rechnung:
370 000 : 8 000 = 46,25
Antwortsatz: Es sind 46,75 % Mais.

Probe: 15 % + 20 % + 18,75 % + 46,25 % = 100 %

e) Rechnung:
8 000 Zentner : 50 Zentner = 160
Antwortsatz: Es müssen 160 Fuhren gemacht werden.

118. a) Rechnung:
45 000 Euro : 15 000 Euro = 3 (%)
Antwortsatz: Der jährliche Zinssatz des ersten Guthabens beträgt 3 %.

b) Rechnung:
125 000 Euro : 25 000 Euro = 5 (%)
Antwortsatz: Der jährliche Zinssatz des zweiten Guthabens beträgt 5 %.

Lösungen

c) 1. Rechnung;
15 000 Euro + 25 000 Euro = 40 000 Euro
2. Rechnung:
450 Euro + 1 250 Euro = 1 700 Euro
3. Rechnung:
170 000 Euro : 40 000 Euro = 4,25 (%)
Antwortsatz: Der Zinssatz für das neue Guthaben muss 4,25 % betragen.

119. a) Rechnung:
16 200 Euro : 5 400 Euro = 3 (%)
Antwortsatz: Das erste Guthaben ist zu 3 % angelegt.

b) Rechnung:
18 000 Euro : 4 500 Euro = 4 (%)
Antwortsatz: Das zweite Guthaben ist zu 4 % angelegt.

c) Rechnung:
36 600 Euro : 6 100 Euro = 6 (%)
Antwortsatz: Das dritte Guthaben ist zu 6 % angelegt.

d) 1. Rechnung:
5 400 Euro + 4 500 Euro + 6 100 Euro = 16 000 Euro
2. Rechnung:
162 Euro + 180 Euro + 366 Euro = 708 Euro
3. Rechnung:
70 800 Euro : 16 000 Euro = 4,425 (%)
Antwortsatz: Der Zinssatz für das neue Guthaben muss 4,425 % betragen.

120. a) Rechnung:
512 000 Euro : 64 000 Euro = 8 (%)
Antwortsatz: Das erste Guthaben ist zu einem jährlichen Zinssatz von 8 % angelegt.

b) Rechnung:
648 000 Euro : 72 000 Euro = 9 (%)
Antwortsatz: Das zweite Guthaben ist zu einem jährlichen Zinssatz von 9 % angelegt.

c) Rechnung:
168 000 Euro : 24 000 Euro = 7 (%)
Antwortsatz: Das dritte Guthaben ist zu einem jährlichen Zinssatz von 7 % angelegt.

d) Rechnung:
1 328 000 Euro : 160 000 Euro = 8,3 (%)
Antwortsatz: Der Jahreszinssatz für das vierte Guthaben beträgt 8,3 %.

Lösungen

121. a) Rechnung:
4 000 Tonnen · 0,22 = 880 Tonnen
Antwortsatz: Am ersten Tag werden 880 Tonnen Kohle abgefahren.

b) Rechnung:
4 000 Tonnen · 0,25 = 1 000 Tonnen
Antwortsatz: Am zweiten Tag werden 1 000 Tonnen Kohle abgefahren.

c) Rechnung:
4 000 Tonnen · 0,28 = 1 120 Tonnen
Antwortsatz: Am dritten Tag werden 1 120 Tonnen Kohle abgefahren.

d) Rechnung:
4 000 Tonnen – 880 Tonnen – 1 000 Tonnen – 1 120 Tonnen
= 4 000 Tonnen – 3 000 Tonnen
= 1 000 Tonnen
Antwortsatz: Jetzt liegen noch 1 000 Tonnen Kohle auf Halde.

122. a) Rechnung:
120 Glühbirnen · 0,25 = 30 Glühbirnen
Antwortsatz: Es sind 30 Glühbirnen der Sorte 1.

b) Rechnung:
120 Glühbirnen · 0,35 = 42 Glühbirnen
Antwortsatz: Es sind 42 Glühbirnen der Sorte 2.

c) Rechnung:
120 Glühbirnen · 0,40 = 48 Glühbirnen
Antwortsatz: Es sind 48 Glühbirnen der Sorte 3.

Alle Glühbirnen zusammen haben eine Leistung von
1 800 Watt + 4 200 Watt + 24 000 Watt = 30 000 Watt.

d) Rechnung:
x % : 100 % = 1 800 Watt : 30 000 Watt
x = 6 %
Antwortsatz: Die Glühbirnen der Sorte 1 bringen 6 % der Leistung.

e) Rechnung:
x % : 100 % = 4 200 Watt : 30 000 Watt
x = 14 %
Antwortsatz: Die Glühbirnen der Sorte 2 bringen 14 % der Leistung.

f) Rechnung:
x % : 100 % = 24 000 Watt : 30 000 Watt
x = 80 %
Antwortsatz: Die Glühbirnen der Sorte 3 bringen 80 % der Leistung.

Lösungen

123. Die kleinste Pumpe schafft in jeder Sekunde 5 Liter, die mittlere Pumpe 8 Liter und die größte Pumpe 11 Liter.
5 Liter + 8 Liter + 11 Liter = 24 Liter

a) x % : 100 % = 5 Liter : 24 Liter
$x = 20\frac{5}{6}\ \%$
Antwortsatz: Die kleinste Pumpe schafft $20\frac{5}{6}$ %.

b) x % : 100 % = 8 Liter : 24 Liter
$x = 33\frac{1}{3}\ \%$
Antwortsatz: Die mittlere Pumpe schafft $33\frac{1}{3}$ %.

c) x % : 100 % = 11 Liter : 24 Liter
$x = 45\frac{5}{6}\ \%$
Antwortsatz: Die größte Pumpe schafft $45\frac{5}{6}$ %.

Probe: $20\frac{5}{6}\ \% + 33\frac{1}{3}\ \% + 45\frac{5}{6}\ \% = 100\ \%$

d) Rechnung:
2 073 600 Liter : 24 Liter/Sekunde = 86 400 Sekunden
Antwortsatz: Gemeinsam brauchen die drei Pumpen 1 Tag.

124. a) Rechnung:
100 % = 24 800 Euro
1 % = 248 Euro
104,8 % = 25 990,40 Euro
Antwortsatz: Das Modell A kostete nach der Preiserhöhung 25 990,40 Euro.

b) Rechnung:
100 % = 37 250 Euro
1 % = 372,50 Euro
104,8 % = 39 038,00 Euro
Antwortsatz: Das Modell B kostete nach der Preiserhöhung 39 038,00 Euro.

c) Rechnung:
100 % = 52 480 Euro
1 % = 524,80 Euro
104,8 % = 54 999,04 Euro
Antwortsatz: Das Modell C kostete nach der Preiserhöhung 54 999,04 Euro.

125. Rechnung:
120,00 Euro · 1,032 = 123,84 Euro
Antwortsatz: Der Endwert beträgt 123,84 Euro.

126. Rechnung:
2 545,00 Euro : 1,018 = 2 500,00 Euro
Antwortsatz: Der Grundwert beträgt 2 500,00 Euro.

Lösungen

127. 1. Rechnung:
48,24 Euro – 45,00 Euro = 3,24 Euro
2. Rechnung:
x % : 100 % = 3,24 Euro : 45,00 Euro
x = 7,2 %
Antwortsatz: Die prozentuale Zunahme beträgt 7,2 %.

128. 1. Rechnung:
400,00 Euro · 0,97 = 388,00 Euro
2. Rechnung:
388,00 Euro · 1,19 = 461,72 Euro
Antwortsatz: Die Nähmaschine kostete 461,72 Euro.

129. 1. Rechnung:
400,00 Euro · 1,19 = 476,00 Euro
2. Rechnung:
476,00 Euro · 0,97 = 461,72 Euro
Antwortsatz: Die Nähmaschine kostete 461,72 Euro.

130. a) 1. Rechnung:
1 000 Euro + 500 Euro = 1 500 Euro
2. Rechnung:
1 500 Euro · 1,5 = 2 250 Euro
3. Rechnung:
2 250 Euro – 1 000 Euro = 1 250 Euro
4. Rechnung:
x % : 100 % = 1 250 Euro : 1 000 Euro
x = 125 %
Antwortsatz: Die erste prozentuale Zunahme beträgt 125 %.

b) 1. Rechnung:
1 000 Euro · 1,5 = 1 500 Euro
2. Rechnung:
1 500 Euro + 500 Euro = 2 000 Euro
3. Rechnung:
2 000 Euro – 1 000 Euro = 1 000 Euro
4. Rechnung:
x % : 100 % = 1 000 Euro : 1 000 Euro
x = 100 %
Antwortsatz: Die zweite prozentuale Zunahme beträgt 100 %.

Lösungen

131. Rechnung:
100 % – 4,8 % = 95,2 %

a) Rechnung:
23 800 Euro : 0,952 = 25 000 Euro
Antwortsatz: Das Modell A kostete vor der Preissenkung 25 000 Euro.

b) Rechnung:
19 040 Euro : 0,952 = 20 000 Euro
Antwortsatz: Das Modell B kostete vor der Preissenkung 20 000 Euro.

c) Rechnung:
15 232 Euro : 0,952 = 16 000 Euro
Antwortsatz: Das Modell C kostete vor der Preissenkung 16 000 Euro.

132. 1. Rechnung:
100 % – 3,2 % = 96,8 %
2. Rechnung:
120 Euro · 0,968 = 116,16 Euro
Antwortsatz: Der Endwert beträgt 116,16 Euro.

133. 1. Rechnung:
100 % – 2,4 % = 97,6 %
2. Rechnung:
4 684,80 Euro : 0,976 = 4 800 Euro
Antwortsatz: Der Grundwert beträgt 4 800 Euro.

134. 1. Rechnung:
48,00 Euro – 45,60 Euro = 2,40 Euro
2. Rechnung:
240 Euro : 48 Euro = 5 (%)
Antwortsatz: Die prozentuale Abnahme beträgt 5 %.

135. Rechnung:
10 080 Euro : 84 = 120 Euro
Antwortsatz: Der Bademantel kostete vor der Preissenkung 120 Euro.

136. Rechnung:
37 774 Euro : 68 = 555,50 Euro
Antwortsatz: Der Skianzug kostete vor der Preissenkung 555,50 Euro.

Lösungen

137. a) 1. Rechnung:
23 200 Euro : 116 = 200 Euro
2. Rechnung:
200 Euro · 100 = 20 000 Euro
3. Rechnung:
23 200 Euro – 20 000 Euro = 3 200 Euro
Antwortsatz: In diesem Preis waren 3 200 Euro Mehrwertsteuer enthalten.

b) Rechnung:
23 200 Euro – 3 200 Euro = 20 000 Euro
Antwortsatz: Ohne Mehrwertsteuer kostete der Wagen 20 000 Euro.

c) 1. Rechnung:
20 000 Euro · 0,97 = 19 400 Euro
2. Rechnung:
19 400 Euro · 1,16 = 22 504 Euro
Antwortsatz: Bei Barzahlung kostete der Wagen 22 504 Euro.

138. Das Quadrat besteht aus 64 Feldern.
Jedes Feld steht für 240 000 Euro : 64 = 3 750 Euro.
Jedes Feld steht für 100 % : 64 = 1,5625 %.

a) Die Fläche S besteht aus 21 Feldern.
Rechnung:
3 750 Euro · 21 = 78 750 Euro
Antwortsatz: Die Fläche S steht für 78 750 Euro.

b) Die Fläche S besteht aus 21 Feldern.
Rechnung:
1,5625 % · 21 = 32,8125 %
Antwortsatz: S steht für 32,8125 %.

c) Die Fläche V besteht aus 23 Feldern.
Rechnung:
3 750 Euro · 23 = 86 250 Euro
Antwortsatz: Die Fläche V steht für 86 250 Euro.

d) Die Fläche V besteht aus 23 Feldern.
Rechnung:
1,5625 % · 23 = 35,9375 %
Antwortsatz: V steht für 35,9375 %.

e) Die Fläche Z besteht aus 20 Feldern.
Rechnung:
3 750 Euro · 20 = 75 000 Euro
Antwortsatz: Die Fläche Z steht für 75 000 Euro.

Lösungen

f) Die Fläche Z besteht aus 20 Feldern.
Rechnung:
1,5625 % · 20 = 31,25 %
Antwortsatz: Z steht für 31,25 %.

Erste Probe:
21 Felder + 23 Felder + 20 Felder = 64 Felder

Zweite Probe:
78 750 Euro + 86 250 Euro + 75 000 Euro = 240 000 Euro

Dritte Probe:
32,8125 % + 35,9375 % + 31,25 % = 100 %

139. a) Rechnung:
1 168 Euro + 1 606 Euro + 876 Euro = 3 650 Euro
Antwortsatz: Die drei Klassen haben zusammen 3 650 Euro gesammelt.

b) Rechnung:
116 800 Euro : 3 650 Euro = 32 (%)
Antwortsatz: Auf Klasse 8 entfallen 32 % des Sammelbetrages.

c) Rechnung:
160 600 Euro : 3 650 Euro = 44 (%)
Antwortsatz: Auf Klasse 9 entfallen 44 % des Sammelbetrages.

d) Rechnung:
87 600 Euro : 3 650 Euro = 24 (%)
Antwortsatz: Auf Klasse 10 entfallen 24 % des Sammelbetrages.

Probe: 32 % + 44 % + 24 % = 100 %

Für die folgenden Teilaufgaben gilt stets 100 % = 360° und 1 % = 3,6°.

e) Rechnung:
3,6° · 32 = 115,2°
Antwortsatz: Das Ergebnis der Klasse 8 entspricht 115,2°.

f) Rechnung:
3,6° · 44 = 158,4°
Antwortsatz: Das Ergebnis der Klasse 9 entspricht 158,4°.

g) Rechnung:
3,6° · 24 = 86,4°
Antwortsatz: Das Ergebnis der Klasse 10 entspricht 86,4°.

Probe: 115,2° + 158,4° + 86,4° = 360°

140. Rechnung:
x % : 100 % = 57,6 mm : 1 440 000 mm
x = 0,004 %
Antwortsatz: Der Draht wurde um 0,004 % länger.

Lösungen

141. Rechnung:
x % : 100 % = 67,2 mm : 1 680 000 mm
x = 0,004 %
Antwortsatz: Der Draht wurde um 0,004 % kürzer.

142. a) 1. Rechnung:
60 km – 40 km = 20 km
2. Rechnung:
x % : 100 % = 20 km : 60 km
$x = 33\frac{1}{3}\ \%$
Antwortsatz: Die Fahrstrecke von Onkel Franz war am zweiten Tag um $33\frac{1}{3}$ % kürzer als am ersten Tag.

b) 1. Rechnung:
60 km – 40 km = 20 km
2. Rechnung:
x % : 100 % = 20 km : 40 km
x = 50 %
Antwortsatz: Die Fahrstrecke von Onkel Fritz war am zweiten Tag um 50 % länger als am ersten Tag.

143. a) Rechnungen:
1. Tag = 40,00 m
2. Tag = 40,00 m · 1,05 = 42,00 m
3. Tag = 42,00 m · 1,1 = 46,20 m
4. Tag = 46,20 m · 1,15 = 53,13 m

40,00 m + 42,00 m + 46,20 m + 53,13 m = 181,33 m

Antwortsatz: Die erste Kolonne hat 181,33 m Straße geteert.

b) Rechnungen:
1. Tag = 40,00 m
2. Tag = 40,00 m · 1,1 = 44,00 m
3. Tag = 44,00 m · 1.1 = 48,40 m
4. Tag = 48,40 m · 1,1 = 53,24 m

40,00 m + 44,00 m + 48,40 m + 53,24 m = 185,64 m

Antwortsatz: Die zweite Kolonne hat 185,64 m Straße geteert.

144. Rechnungen:
1. Tag = 100,000 km
2. Tag = 100,000 km · 1,2 = 120,000 km
3. Tag = 120,000 km · 1,2 = 144,000 km
4. Tag = 144,000 km · 1,2 = 172,800 km
5. Tag = 172,800 km · 1,2 = 207,360 km
Antwortsatz: Am fünften Tag legt der Radrennfahrer 207,360 km zurück.

Lösungen

145. Rechnungen:
1. Tag = 200,000 km
2. Tag = 200,000 km · 0,8 = 160,000 km
3. Tag = 160,000 km · 0,8 = 128,000 km
4. Tag = 128,000 km · 0,8 = 102,400 km
5. Tag = 102,400 km · 0,8 = 81,920 km

Antwortsatz: Am fünften Tag legt der Radrennfahrer 81,920 km zurück.

146. Die Holzplatte hat eine Fläche von 20 cm · 12 cm = 240 cm^2.
Die Abfallfläche ist 10 cm · 6 cm = 60 cm^2 groß.
Rechnung:
x % : 100 % = 60 cm^2 : 240 cm^2
x = 25 %
Antwortsatz: Der Abfall beträgt 25 %.

147. Die Holzplatte hat eine Fläche 12 cm · 12 cm = 144 cm^2.
Die Abfallfläche ist 6 cm · 6 cm = 36 cm^2 groß.
Rechnung:
x % : 100 % = 36 cm^2 : 144 cm^2
x = 25 %
Antwortsatz: Der Abfall beträgt 25 %.

148. Die Holzplatte hat eine Fläche von 200 cm · 100 cm = 20 000 cm^2.
Die Abfallflächen sind 2 · 25 cm · 25 cm = 1 250 cm^2 groß.
Rechnung:
x % : 100 % = 1 250 cm^2 : 2 000 cm^2
x = 6,25 %
Antwortsatz: Der Abfall beträgt 6,25 %.

149. Die Wiesenfläche beträgt 18 m · 12 m = 216 m^2.
Die Beetflächen betragen 3 · 1,80 m · 1,20 m = 6,48 m^2.
Rechnung:
x % : 100 % = 6,48 m^2 : 216 m^2
x = 3 %
Antwortsatz: Die Beetflächen nehmen 3 % der Wiesenfläche ein.

150. Die Fläche des Straßenstücks beträgt 1 600 m^2.
Die Flächen der Fußwege betragen 400 m^2.
Rechnung:
x % : 100 % = 400 m^2 : 1 600 m^2
x = 25 %
Antwortsatz: Die Flächen der Fußwege nehmen 25 % der Gesamtfläche ein.

Lösungen

151. a) Der Parkplatz ist 60 m lang und 40 m breit.
Der Parkplatz hat eine Fläche von 2 400 m^2.
Als Parkfläche werden 1 440 m^2 genutzt.
Rechnung:
1 440 m^2 : 12 m^2 = 120
Antwortsatz: Auf dem Parkplatz können höchstens 120 Autos gleichzeitig parken.

b) Der Parkplatz ist täglich 15 Stunden geöffnet.
Eine Ausnutzung zu 100 % ergibt 1 800 Stunden.
Eine Ausnutzung zu 75 % ergibt 1 350 Stunden.
Rechnung:
1 620 Stunden : 1 350 Stunden = 1,20
Antwortsatz: Für eine Stunde Parkzeit muss ein Betrag von 1,20 Euro verlangt werden.

152. a) Die Oberfläche des Messingwürfels beträgt 6 · 4 cm · 4 cm = 96 cm^2.
Die Oberfläche des Bronzewürfels beträgt 6 · 5 cm · 5 cm = 150 cm^2.
Die Oberflächendifferenz beträgt 54 cm^2.
Rechnung:
x % : 100 % = 54 : 96
x = 56,25 %
Antwortsatz: Die Oberfläche des Bronzewürfels ist um 56,25 % größer als die Oberfläche des Messingwürfels.

b) Der Rauminhalt des Messingwürfels beträgt 4 cm · 4 cm · 4 cm = 64 cm^3.
Der Rauminhalt des Bronzewürfels beträgt 5 cm · 5 cm · 5 cm = 125 cm^3.
Die Rauminhaltsdifferenz beträgt 61 cm^3.
Rechnung:
x % : 100 % = 61 : 125
x = 48,8 %
Antwortsatz: Der Rauminhalt des Messingwürfels ist um 48,8 % kleiner als der Rauminhalt des Bronzewürfels.

153. a) Rechnung:
24 000 : 96 = 250
Antwortsatz: Aus dem großen Zylinder entstehen durch Umschmelzen 250 kleine Zylinder.

b) Rechnung:
x % : 100 % = 24 : 6 000
x = 0,4 %
Antwortsatz: Der Rauminhalt eines kleinen Zylinders beträgt 0,4 % vom Rauminhalt des großen Zylinders.

Lösungen

154. a) Die erste Kante des Quaders ist
$20\ \text{cm} \cdot 1{,}02 = 20{,}4\ \text{cm}$
lang.
Die zweite Kante des Quaders ist
$20\ \text{cm} \cdot 1{,}08 = 21{,}6\ \text{cm}$
lang.
Die dritte Kante des Quaders ist
$20\ \text{cm} \cdot 0{,}9 = 18{,}0\ \text{cm}$
lang.
Antwortsatz: Die Kanten des Quaders sind 20,4 cm, 21,6 cm und 18,0 cm lang.

b) Die Kantenlänge des Quadermodells beträgt
$4\,(20{,}4\ \text{cm} + 21{,}6\ \text{cm} + 18{,}0\ \text{cm})$
$= 4 \cdot 60\ \text{cm}$
$= 240\ \text{cm}$
Antwortsatz: Das Kantenmodell des Quaders hat eine Länge von 2,40 Metern.

c) 1. Rechnung:
$2\,160 : 20 = 108$
2. Rechnung:
$2\,040 : 20 = 102$
3. Rechnung:
$180 : 20 = 9$
4. Rechnung:
$108 \cdot 102 \cdot 9 = 99\,144$
Antwortsatz: In die Lagerhalle würden höchstens 99 144 Würfel passen.

d) 1. Rechnung:
$2\,160 : 21{,}6 = 100$
2. Rechnung:
$2\,040 : 20{,}4 = 100$
3. Rechnung:
$180 : 18 = 10$
4. Rechnung:
$100 \cdot 100 \cdot 10 = 100\,000$
Antwortsatz: In die Lagerhalle würden höchstens 100 000 Quader passen.

155. In dem Kasten befinden sich $30\ \text{cm} \cdot 30\ \text{cm} \cdot 24\ \text{cm} = 21\,600\ \text{cm}^3$ Wasser.
Ein Metallwürfel verdrängt $3\ \text{cm} \cdot 3\ \text{cm} \cdot 3\ \text{cm} = 27\ \text{cm}^3$ Wasser.
Rechnung: $27\ \text{cm}^3 : 900^2\ \text{cm} = 0{,}03\ \text{cm}$
$x\,\% : 100\,\% = 0{,}03 : 24$
$x = 0{,}125\,\%$
Antwortsatz: Der Wasserspiegel steigt um 0,125 %.

Lösungen

156. a) Drei Zehntel der Ware haben einen Wert von
16 000 Euro · 0,3 = 4 800 Euro,
sie ergeben einen Gewinn von
4 800 Euro · 0,25 = 1 200 Euro.
Die Hälfte der Ware hat einen Wert von
16 000 Euro : 2 = 8 000 Euro,
sie ergibt einen Gewinn von
8 000 Euro · 0,2 = 1 600 Euro.
Die restliche Ware hat einen Wert von
16 000 Euro – 4 800 Euro – 8 000 Euro = 3 200 Euro,
sie ergibt einen Verlust von
3 200 Euro · 0,05 = 160 Euro.
Das geschäftliche Ergebnis beträgt
1 200 Euro + 1 600 Euro – 160 Euro = 2 640 Euro.
Antwortsatz: Das geschäftliche Ergebnis ist ein Gewinn von 2 640 Euro.

b) Rechnung:
264 000 Euro : 16 000 Euro = 16,5 (%)
Antwortsatz: Das prozentuale Ergebnis ist ein Gewinn von 16,5 %.

157. a) Ein Fünftel der Ware hat einen Wert von
36 000 Euro : 5 = 7 200 Euro,
das ergibt einen Gewinn von
7 200 Euro · 0,65 = 4 680 Euro.
Fünf Achtel der Ware haben einen Wert von
36 000 Euro · 0,625 = 22 500 Euro,
das ergibt einen Gewinn von
22 500 Euro · 0,45 = 10 125 Euro.
Die restliche Ware hat einen Wert von
36 000 Euro – 7 200 Euro – 22 500 Euro = 6 300 Euro,
das ergibt einen Verlust von
6 300 Euro · 0,15 = 945 Euro.
Das geschäftliche Ergebnis beträgt
4 680 Euro + 10 125 Euro – 945 Euro = 13 860 Euro.
Antwortsatz: Das geschäftliche Ergebnis ist ein Gewinn von 13 860 Euro.

b) Rechnung:
1 386 000 Euro : 36 000 Euro = 38,5 (%)
Antwortsatz: Das prozentuale Ergebnis ist ein Gewinn von 38,5 %.

Lösungen

158. a) Rechnung:
$20\ \% + 20\ \% = 40\ \%$
Antwortsatz: Herr Seemann hat mit seinen beiden Raten 40 % vom Kaufpreis bezahlt.

b) Rechnung:
$20\ \% + 16\ \% = 36\ \%$
Antwortsatz: Herr Teichmann hat mit seinen beiden Raten 36 % vom Kaufpreis bezahlt.

c) 1. Rechnung:
$40\ \% - 36\ \% = 4\ \%$
2. Rechnung:
$x\ \% : 100\ \% = 4\ \% : 40\ \%$
$x = 10\ \%$
3. Rechnung:
$x\ \% : 100\ \% = 4\ \% : 36\ \%$
$x = 11\frac{1}{9}\ \%$
4. Rechnung;
$11\frac{1}{9}\ \% - 10\ \% = 1\frac{1}{9}\ \%$
Antwortsatz: Der prozentuale Unterschied beträgt $1\frac{1}{9}$ %.

d) 1. Rechnung:
$10\,000\ \text{Euro} \cdot 0{,}6 = 6\,000\ \text{Euro}$
2. Rechnung:
$10\,000\ \text{Euro} \cdot 0{,}64 = 6\,400\ \text{Euro}$
Antwortsatz: Herr Seemann müsste noch 6 000 Euro und Herr Teichmann noch 6 400 Euro bezahlen.

159. a) Rechnung:
$10\ \% + 10\ \% = 20\ \%$
Antwortsatz: Frau Althausen hat mit ihren beiden Raten 20 % vom Kaufpreis bezahlt.

b) Rechnung:
$10\ \% + 9\ \% = 19\ \%$
Antwortsatz: Frau Neuhausen hat mit ihren beiden Raten 19 % vom Kaufpreis bezahlt.

Lösungen

c) 1. Rechnung:
$20\ \% - 19\ \% = 1\ \%$
2. Rechnung:
$x\ \% : 100\ \% = 1\ \% : 20\ \%$
$x = 5\ \%$
3. Rechnung:
$x\ \% : 100\ \% = 1 : 19\ \%$
$x = 5\frac{5}{19}\ \%$
4. Rechnung:
$5\frac{5}{19}\ \% - 5\ \% = \frac{5}{19}\ \%$
Antwortsatz: Der prozentuale Unterschied beträgt $\frac{5}{19}$ %.

d) 1. Rechnung:
1 000 Euro · 0,8 = 800 Euro
2. Rechnung:
1 000 Euro · 0,81 = 810 Euro
Antwortsatz: Frau Althausen müsste noch 800 Euro und Frau Neuhausen noch 810 Euro bezahlen.

160. Drei Zehntel sind
6 000 Euro · 0,3 = 1 800 Euro.
Davon 60 % sind
1 800 Euro · 0,6 = 1 080 Euro.
Ein Fünftel sind
6 000 Euro : 5 = 1 200 Euro.
Davon 40 % sind
1 200 Euro · 0,4 = 480 Euro
Der Gewinn beträgt
6 000 Euro : 5 = 1 200 Euro.
1. Rechnung:
6 000 Euro – 1 800 Euro – 1 200 Euro = 3 000 Euro
2. Rechnung:
1 080 Euro + 480 Euro – 1 200 Euro = 360 Euro
3. Rechnung:
$x\ \% : 100\ \% = 360 : 3\,000$
$x = 12\ \%$
Antwortsatz: Die restliche Ware wurde mit einem prozentualen Verlust von 12 % verkauft.

Lösungen

161. Zwei Fünftel sind
8 000 Euro · 0,4 = 3 200 Euro.
Davon 80 % sind
3 200 Euro · 0,8 = 2 560 Euro.
Drei Achtel sind
8 000 Euro · 0,375 = 3 000 Euro.
Davon 30 % sind
3 000 Euro · 0,3 = 900 Euro.
Der Gewinn beträgt
8 000 Euro : 4 = 2 000 Euro.
1. Rechnung:
8 000 Euro – 3 200 Euro – 3 000 Euro = 1 800 Euro
2. Rechnung:
2 560 Euro + 900 Euro – 2 000 Euro = 1 460 Euro
3. Rechnung:
x % : 100 % = 1 460 : 1 800
$x = 81\frac{1}{9}$ %
Antwortsatz: Die restliche Ware wurde mit einem prozentualen Verlust von $81\frac{1}{9}$ % verkauft.

162. 1 Tisch kostet 960,00 Euro.
1 Bank kostet 640,00 Euro.
1 Stuhl kostet 256,00 Euro.

a) Rechnung:
16 384,00 Euro + 30 720,00 Euro + 30 720,00 Euro = 77 824,00 Euro
Antwortsatz: Der Einkaufspreis beträgt 77 824,00 Euro.

b) Rechnung:
77 824,00 · 1,25 = 97 280,00 Euro
Antwortsatz: Der Selbstkostenpreis beträgt 97 280,00 Euro.

c) Rechnung:
97 280,00 Euro · 0,9 = 87 552,00 Euro
Antwortsatz: Der Verkaufspreis beträgt 87 552,00 Euro.

d) Rechnung:
87 552,00 Euro · 1,19 = 104 186,88 Euro
Antwortsatz: Der Endpreis beträgt 104 186,88 Euro.

Lösungen

163. 1 Tisch kostet 675 Euro.
1 Bank kostet 450 Euro.
1 Stuhl kostet 180 Euro.

a) Rechnung:
8 640,00 Euro + 14 400,00 Euro + 10 800,00 Euro = 33 840,00 Euro
Antwortsatz: Der Einkaufspreis beträgt 33 840,00 Euro.

b) Rechnung:
33 840,00 Euro · 1,2 = 40 608,00 Euro
Antwortsatz: Der Selbstkostenpreis beträgt 40 608,00 Euro.

c) Rechnung:
40 608,00 Euro · 1,5 = 60 912,00 Euro
Antwortsatz: Der Verkaufspreis beträgt 60 912,00 Euro.

d) Rechnung:
60 912,00 Euro · 1,19 = 72 485,28 Euro
Antwortsatz: Der Endpreis beträgt 72 485,28 Euro.

164. Peter hat in 275 Spielen 55 Tore geschossen, das ist eine Trefferquote von 5 500 : 275 = 20 %.
Paul hat in 300 Spielen 57 Tore geschossen, das ist eine Trefferquote von 5 700 : 300 = 19 %
Antwortsatz: Peter war der prozentual bessere Torschütze.

165. Hans hat in 320 Spielen 480 Tore hinnehmen müssen, das ist eine Gegentrefferquote von 48 000 : 320 = 150 %.
Heinz hat in 300 Spielen 435 Tore hinnehmen müssen, das ist eine Gegentrefferquote von 43 500 : 300 = 145 %.
Antwortsatz: Hans war der prozentual schlechtere Torwart.

166. Berechnung der Restmenge:
100 % – 19 % – 17 % – 16 % – 13 % – 11 % – 14 % = 10 %

a) Gewinnberechnung:
9,12 % + 7,2 % + 3,3 % + 1 % = 20,62 %
Antwortsatz: Der Kaufmann hat prozentual 20,62 % Gewinn erzielt.

b) Verlustberechnung:
6,8 % + 4,16 % + 3,36 % = 14,32 %
Antwortsatz: Der Kaufmann hat prozentual 14,32 % Verlust erzielt.

c) Ergebnisberechnung:
20,62 % – 14,32 % = 6,3 %
Antwortsatz: Der Kaufmann hat prozentual 6,3 % Gewinn erzielt.

Lösungen

167. Berechnung der Restmenge:
100 % – 11 % – 19 % – 13 % – 12 % – 14 % – 18 % = 13 %

a) Verlustberechnung:
7,04 % + 5,46 % + 4,2 % + 2,6 % = 19,3 %
Antwortsatz: Die Kauffrau hat prozentual 19,3 % Verlust erzielt.

b) Gewinnberechnung:
11,4 % + 4,32 % + 2,7 % = 18,42 %
Antwortsatz: Die Kauffrau hat prozentual 18,42 % Gewinn erzielt.

c) Ergebnisberechnung
19,3 % – 18,42 % = 0,88 %
Antwortsatz: Die Kauffrau hat prozentual 0,88 % Verlust erzielt.

168. Erstens: 5 % von 5 Euro sind 25 Cent.
Zweitens: 10 % von 10 Euro sind 100 Cent.
Weil 5 % von 5 Euro der vierte Teil von 10 % von 10 Euro und weil 10 % von 10 Euro viermal so viel wie 5 % von 5 Euro sind, sind beide Aussagen falsch.
Antwortsatz: Die erste Aussage ist falsch und die zweite Aussage ist falsch.

169. Erstens: 4 % von 4 Euro sind 16 Cent.
Zweitens: 8 % von 8 Euro sind 64 Cent.
Es sind zwar 16 Cent der vierte Teil von 64 Cent, nicht aber 64 Cent das Achtfache von 16 Cent. Somit ist eine Aussage wahr und eine Aussage falsch.
Antwortsatz: Die erste Aussage ist wahr und die zweite Aussage ist falsch.

170. Der Prozentsatz wurde verdoppelt.
Antwortsatz: Der Prozentsatz ist um 100 % erhöht worden.

171. Der Prozentsatz wurde halbiert.
Antwortsatz: Der Prozentsatz ist um 50 % gesenkt worden.

172. Rechnung:
1 % + 4 % = 5 %
Antwortsatz: Der Prozentsatz ist um 400 % erhöht worden.

173. Rechnung:
5 % – 4 % = 1 %
Antwortsatz: Der Prozentsatz ist um 80 % gesenkt worden.

174. Rechnung:
100 % – 100 % · 0,9 · 0,9 · 1,2 = 2,8 %
Antwortsatz: Der Prozentsatz ist um 2,8 % gesunken.

Lösungen

175. Rechnung:
100 % – 100 % · 1,2 · 0,9 · 0,9 = 2,8 %
Antwortsatz: Der Prozentsatz ist um 2,8 % gesunken.

176. 1. Überlegung:
10 % von 100 Euro sind 10 Euro.
2. Überlegung:
100 % von 10 Euro sind 10 Euro.
3. Überlegung:
1 % von 1 000 Euro sind 10 Euro.
4. Überlegung:
1 000 % von 1 Euro sind 10 Euro.
Rechnung:
10 Euro + 10 Euro – 10 Euro – 10 Euro = 0 Euro
Antwortsatz: Der Unterschied beträgt 0 %.

177. 1. Überlegung:
1 000 % von 1 Euro sind 10 Euro.
2. Überlegung:
1 % von 1 000 Euro sind 10 Euro.
3. Überlegung:
100 % von 10 Euro sind 10 Euro.
4. Überlegung:
10 % von 100 Euro sind 10 Euro.
Rechnung:
10 Euro + 10 Euro – 10 Euro – 10 Euro = 0 Euro
Antwortsatz: Der Unterschied beträgt 0 %.

178. a) Die kleinste zweistellige Zahl ist 10.
Die Erhöhung um 10 % bedeutet eine Erhöhung auf 110 %.
110 % einer Zahl ist das 1,1-fache dieser Zahl.
Rechnung:
10 · 1,1 = 11
Antwortsatz: Die Vergrößerung der ersten Zahl liefert das Ergebnis 11.

b) Die kleinste dreistellige Zahl ist 100.
Die Erhöhung um 100 % bedeutet eine Erhöhung auf 200 %.
200 % einer Zahl ist das 2-fache dieser Zahl.
Rechnung:
100 · 2 = 200
Antwortsatz: Die Vergrößerung der zweiten Zahl liefert das Ergebnis 200.

Lösungen

c) Die kleinste vierstellige Zahl ist 1 000.
Eine Erhöhung um 1 000 % bedeutet eine Erhöhung auf 1 100 %.
1 100 % einer Zahl ist das 11-fache dieser Zahl.
Rechnung:
$1000 \cdot 11 = 11000$
Antwortsatz: Die Vergrößerung der dritten Zahl liefert das Ergebnis 11 000.

179. a) Die größte zweistellige Zahl ist 99.
Die Verkleinerung um $33 \frac{1}{3}$ % bedeutet eine Verkleinerung auf zwei Drittel dieser Zahl.
Rechnung:
$99 \cdot \frac{2}{3} = 66$
Antwortsatz: Die Verkleinerung der ersten Zahl liefert das Ergebnis 66.

b) Die größte dreistellige Zahl ist 999.
Die Verkleinerung um $66 \frac{2}{3}$ % bedeutet eine Verkleinerung auf ein Drittel dieser Zahl.
Rechnung:
$999 \cdot \frac{1}{3} = 333$
Antwortsatz: Die Verkleinerung der zweiten Zahl liefert das Ergebnis 333.

c) Die größte vierstellige Zahl ist 9 999.
Die Verkleinerung um 99 % bedeutet eine Verkleinerung auf $\frac{1}{100}$ dieser Zahl.
Rechnung:
$9999 : 100 = 99{,}99$
Antwortsatz: Die Verkleinerung der dritten Zahl liefert das Ergebnis 99,99.

180. a) Rechnung:
400 Liter · 0,15 = 60 Liter
Antwortsatz: Der erste Regen ergab 60 Liter Wasser.

b) 1. Rechnung:
32 % – 15 % = 17 %
2. Rechnung:
400 Liter · 0,17 = 68 Liter
Antwortsatz: Der zweite Regen ergab 68 Liter Wasser.

c) 1. Rechnung:
91 % – 32 % = 59 %
2. Rechnung:
400 Liter · 0,59 = 236 Liter
Antwortsatz: Der dritte Regen ergab 236 Liter Wasser.

Lösungen

181. a) Bei Arbeiter A sind 2 400 Zangen – 12 Zangen = 2 388 Zangen einwandfrei.
Das sind 238 800 : 2 400 = 99,5 (%)
Antwortsatz: Bei Arbeiter A sind 99,5 % aller Zangen einwandfrei.
b) Bei Arbeiter B sind 2 500 Zangen – 2 485 Zangen = 15 Zangen nicht in Ordnung, das sind 1 500 : 2 500 = 0,6 (%).
Antwortsatz: Bei Arbeiter B sind 0,6 % aller Zangen nicht in Ordnung.

182. Bei Helga sind von 150 Wörtern 9 falsch geschrieben.
Bei Hans sind von 200 Wörtern 14 falsch geschrieben.
Bei Helga sind das 900 : 150 = 6 (%) aller Wörter.
Bei Hans sind das 1 400 : 200 = 7 (%) aller Wörter.
Antwortsatz: Hans hat prozentual mehr Wörter falsch geschrieben.

183. a) Rechnung:
1 200 Personen · 0,45 · 0,7 = 378 Personen
Antwortsatz: In dem Betrieb sind 378 ausländische Frauen beschäftigt.
b) Rechnung:
1 200 Personen · 0,6 · 0,2 = 144 Personen
Antwortsatz: In dem Betrieb sind 144 männliche Brillenträger beschäftigt.

184. Der wievielte Teil ist 1 Cent von 100 Milliarden Cent?
Ein Prozent ist der hundertste Teil vom Ganzen.
Ein Cent ist also ein Milliardstel.
Antwortsatz: 1 Cent sind 10^{-9} Prozent.